Angelika Nowotny

Aktuelles Kerzendesign

fürs ganze Jahr

frechverlag

Weitere Bücher mit dekorativen Ideen von Angelika Nowotny im frechverlag:

TOPP 2163

TOPP 1898

TOPP 1966

TOPP 2388

TOPP 2038

TOPP 2162

Fotos: frechverlag GmbH + Co. Druck KG, 70499 Stuttgart;
Fotostudio Ullrich & Co., Renningen

Dieses Buch enthält:
0,5 Vorlagenbogen

Auflage: 6. 5. 4. 3. | Letzte Zahlen
Jahr: 2002 2001 2000 1999 98 | maßgebend

frechverlag GmbH + Co. Druck KG, 70499 Stuttgart

ISBN 3-7724-2201-2 · Best.-Nr. 2201

Druck: frechverlag GmbH + Co. Druck KG, 70499 Stuttgart

Kerzen strahlen Wärme und Geborgenheit aus. Früher erfüllten sie vor allem auch im Haus einen nützlichen Zweck und dienten vorwiegend als Lichtquelle, heute gehören sie zu schönen Tisch- und Raumdekorationen und sind auch als Geschenk sehr beliebt.

In diesem Buch zeige ich Ihnen vielseitige Beispiele, wie Sie individuelle Kerzen selbst gestalten können. Nicht nur für christliche Feste wie Taufe und Kommunion, sondern auch für den Grillabend, zur Frühlings- oder Herbstzeit oder auch als neutrale Kerzen fürs ganze Jahr.

Ganz besonders beliebt sind Kerzen in der Advents- und Weihnachtszeit. Hierfür habe ich eine große Anzahl von Kerzen dekoriert und hoffe, daß Sie genauso viel Freude am Verzieren haben wie ich.

Das große Angebot an Verzierwachs und Zubehör ermöglicht es Ihnen, originelle und persönliche Kerzen für jeden Anlaß selbst zu gestalten.

Viel Spaß wünscht Ihnen

Angelika Nowotny

Material und Arbeitshinweise

Kerzen

Als Grundlage für meine Modelle dienen unifarbene Kerzen in verschiedenen Größen und Durchmessern. Selbstverständlich können Sie auch selbstgegossene Kerzen verwenden. Wichtig ist nur, daß Sie wegen der Proportionen die angegebenen Größen berücksichtigen.

Verzierwachsplatten

Manchmal werden sie auch als Wachsfolien bezeichnet, sie bestehen aber nicht aus Kunststoff, sondern immer aus Wachs. Verzierwachs wird in verschiedenen Größen angeboten. Sogar Platten mit Blütenmotiven, buntgemustert oder irisierend, sind im Handel erhältlich. Die Platten haften auf der Kerze, ohne geklebt zu werden. Die beste Verarbeitung ist bei Zimmertemperatur gewährleistet.

Wachsornamente

Besonders für christliche Anlässe wie Taufe, Kommunion und Hochzeit gibt es plastische Wachssymbole in Weiß oder bereits koloriert. Auch diese haften ohne Klebstoff auf der Kerze.

Wachszierborten und Schriften

Für einige Entwürfe benötigen Sie goldene Wachsstreifen in verschiedenen Breiten, Blätterranken, Wachsperlborten und verschiedene andere Zierborten. Es gibt sie im Fachhandel zu kaufen. Schriftzüge für viele Anlässe gibt es ebenfalls aus Wachs. Sie müssen besonders vorsichtig mit einem Messer von der Trägerfolie abgehoben werden. **Achtung:** Kunststoff-Perlenketten, Stoffborten oder Plastikschriften sollten nicht verwendet werden, wenn die Kerze angezündet werden soll.

Weitere Materialien zum Verzieren

- Metallic- und Glimmerpaste in verschiedenen Farben
- Schreibfolien, speziell für Kerzen
- Wasserfester, schwarzer Filzstift
- Embossing-Schablonen
- Streu-Glimmerplättchen
- Steinfarbe
- Naturbast
- Deko-Bänder

Werkzeuge und Arbeitsmaterial

- Pergamentpapier
- Resopalbrettchen
- Prägestift
- spitzes Messer
- Nadeln, spitz und stumpf
- Backförmchen (Ausstecher) „Sterne"

Bevor Sie beginnen

Die Hände gut säubern und nicht eincremen, denn dies würde eine gute Haftung des Wachses auf der Kerze behindern. Möglichst die Ringe ablegen, um eine Beschädigung der Wachsoberfläche zu vermeiden. Kerzen und Wachszubehör sollten bei Zimmertemperatur verarbeitet werden.

Und so wird es gemacht

Die Wachsplatten auf das Brettchen legen und das vom Vorlagenbogen abgepauste Motiv oder die Schablone darauf legen. Mit einem Bleistift oder einer stumpfen Nadel leicht die Konturen ohne großen Druck nachfahren. Vorlage entfernen und nun das Motiv mit einer spitzen Nadel ausschneiden. Für breite Streifen und gerade Linien ein Lineal und ein scharfes Messer benutzen. Die Einzelteile werden in der Hand erwärmt und auf der Kerze fixiert. Mit einer spitzen Nadel können zusätzlich Verzierungen eingeritzt werden.

Verschiedene Techniken

Drapieren

(Beispiel: Seite 25)

Die Wachsplatte gut in der Handfläche anwärmen. Zu kalte Platten würden beim Zusammenknautschen reißen oder brechen. Die in Falten drapierte Wachsplatte auf die Kerze legen und die Seitenränder gut andrücken.

Verzieren mit Metallicpaste

(Beispiel: Seite 7)

Dieses Wischmetall haftet gut auf der Kerze, die damit auch noch angezündet werden kann. Etwas Metallicpaste auf einen Schwamm geben, dann zuerst auf etwas Papier tupfen. Erst wenn die zarte Struktur des Schwammes auf dem Papier zu erkennen ist, haben Sie die richtige Farbmenge aufgetragen. Nun leicht die Metallicpaste auf die fertig gestaltete Kerze auftupfen und trocknen lassen (Herstellerangaben beachten). Die Paste eignet sich auch gut für die Schabloniertechnik. Hierbei wird das Motiv (z. B. Sterne) aus festem Papier ausgeschnitten, mit Klebefilmröllchen auf der Rückseite an der Kerze fixiert und mit dem Schwämmchen über den Rand hinaus betupft. Das Papier anschließend vorsichtig abheben, und Sie erhalten einen Negativ-Abdruck Ihres Motives.

Verzieren mit Embossing-Schablonen

(Beispiel: Seite 7)

Als Embossing-Schablonen bezeichnet man kleine Messingplatten mit ausgestanzten Motiven, die zum Papierprägen genutzt werden. Bei einigen Entwürfen dienten solche Schablonen als Vorlage. Die Schablone vorsichtig auf die Wachsplatte legen und mit einer spitzen Nadel die Konturen umfahren. Die Schablone abnehmen, alle stehengebliebenen Stege durchtrennen, das Motiv auf die Kerze legen und leicht andrücken.

Wichtig: Bevor Sie die Schablone wieder für das Papierprägen einsetzen, bitte erst gut reinigen.

Tips

Ganz besonders reizvoll ist z. B. eine Tischdekoration mit geprägten Tisch- und Menükarten und dazu passenden Kerzen. Sehr nützlich sind die Embossing-Schablonen z. B. auch in Verbindung mit der Schreibfolie. Hierzu wird die Schreibfolie mit der matten Seite auf die Kerze gelegt und fixiert. Die Schablone partienweise auf die Kerze legen (die Schablone bitte nicht um die Kerze biegen; hierbei würden Sie sowohl die Kerze als auch die Schablone beschädigen). Mit einem Prägestift oder einer stumpfen Nadel die Konturen mit leichtem Druck nachzeichnen. Nun die Kerze Stück für Stück weiterdrehen und jeweils das Motiv fortsetzen. Wenn alle Konturen übertragen sind, werden Schablone und Folie entfernt. Die Linien sind nun der Folie entsprechend in Gold und Silber eingeprägt. Die Schreibfolie eignet sich auch sehr gut, um Namen und Daten auf die Kerze zu schreiben.

Wichtiger Hinweis

Alle Kerzen in diesem Buch brennen ohne Probleme und entwickeln laut Herstellerangaben keine schädlichen Dämpfe.

Frühlingskerzen

Material:

- Kerze, apricot, 6 cm Ø, 13 cm hoch
- Kerze, apricot, 6 cm Ø, 18 cm hoch
- Verzierwachsplatten, grün, gelb, orange, haut, braun
- Embossing-Schablonen „Henne im Nest“ und „Calla“
- Metallicpaste, gold
- 25 cm Dekoband, gelb-weiß, 4 cm breit
- 20 cm Satinband, gelb, 3 mm breit

Für die Kerzenmotive dienen Embossing-Schablonen als Vorlage. Legen Sie die Schablone „Henne im Nest“ ohne Druck auf eine weiße Wachsplatte. Die Konturen der Henne mit einer spitzen Nadel umfahren und unterbrochene Linien auftrennen. Flügel, Eier, Schnabel und weitere Details ebenfalls aus verschiedenen Wachsplatten mit der Nadel ausschneiden. Die so entstandenen Einzelteile werden auf der Kerze angeordnet. Für das Nest erwärmen Sie grüne Wachsreste in der Hand und knautschen sie zusammen.
Bei der Kerze mit Calla-Blüten verfahren Sie in gleicher Weise. Die größere Blüte wird vom Vorlagenbogen übertragen.
Die fertig gestalteten Kerzen können Sie leicht mit Metallicpaste betupfen.

Kerzen zur Geburt

Material:
- Kerze, weiß, 6 cm Ø, 13 cm hoch
- Kerze, elfenbein, 5 cm Ø, 30 cm hoch
- Verzierwachsplatten, mint, hellblau, weiß, haut, dunkelbraun, rosa, pink, grün
- Embossing-Schablone „Wiege“

Eine individuelle Geschenkidee zur Geburt eines Kindes!

Die Wiege wird mit Hilfe der Embossing-Schablone ausgeschnitten und auf der Kerze mit zwei Blätteranken plaziert. Bringen Sie noch den Schriftzug „Zur Geburt“, den individuellen Namen und die Geburtsdaten an.

Das Baby von der niedrigeren Kerze finden Sie auf dem Vorlagenbogen. Das Motiv wird auf die verschiedenen Wachsplatten übertragen und ausgeschnitten.

Für die Tupfen auf dem Kissen und den Kopf kleine Kügelchen aus Wachs formen, andrücken und mit einer Stopfnadel kleine Löcher eindrücken.

Zur
Geburt
Maren
14.7.97
Felix

Tauf- und Kommunionkerzen

Material für Taufkerze:
- Kerze, elfenbein, 4 cm Ø, 38 cm hoch
- Wachsschrift „Zur hl. Taufe“
- Wachsornament „Kreuz mit Taube“
- Verzierwachsplatte, mattgold
- Verzierwachsborte, gold

Material für kleine Kommunionkerze:
- Kerze, elfenbein, 5 cm Ø, 30 cm hoch
- Wachsschrift „Zur ersten hl. Kommunion“
- Wachsblätterranke, gold
- Wachsstreifen, gold, 2 mm breit
- Verzierwachsplatte, grün irisierend

Material für große Kommunionkerze:
- Kerze, elfenbein, 4 cm Ø, 38 cm hoch
- Wachsschrift „Zur ersten hl. Kommunion“
- Wachsornament „Kommunion“
- Verzierwachsplatte, grün irisierend, weiß, gold-glänzend
- Wachsperlstreifen, gold

Taufkerze

Das Wachsornament in der Hand erwärmen und fest an die Kerze drücken. Um den oberen Rand eine Wachsborte legen. In der unteren Hälfte werden zwei Borten plaziert. Den fertigen Schriftzug oben anbringen und unten den persönlichen Namen sowie Geburts- oder Taufdatum ausschneiden und andrücken.

Kommunionkerze klein

Das Kreuz vom Vorlagenbogen auf die grün irisierende Verzierwachsplatte übertragen, ausschneiden und plazieren. Die Ränder des Kreuzes werden mit Stücken von den goldenen Wachsstreifen geschmückt.
Nun die Blütenranken und den Schriftzug anbringen.

Kommunionkerze groß

Das Ornament wird in der oberen Kerzenhälfte angeordnet und gut angedrückt. Oberhalb des „P“ (griechisches Chi und Rho für Christus) halbrund den fertigen Schriftzug plazieren. Unterhalb davon eine Ranke aus vielen kleinen Blättern und Blüten arrangieren. In die Blütenmitte setzen Sie jeweils eine Wachsperle von der Borte. Die Blattadern werden zum Schluß mit einer spitzen Nadel eingeritzt. Im unteren Bereich setzen Sie zwischen die beiden Wachsperlstreifen den Namen.

Jeremy
10.6.97
Zur ersten
hl. Kommunion
Sarah

Festliche Kerzen zur Hochzeit

Material für Hochzeitskerze:

- Kerze, weiß, 6 cm Ø, 18 cm hoch
- Wachsschrift „Zur Hochzeit“
- Wachsstreifen, gold, 2 mm breit
- Verzierwachsplatten, gold irisierend, weiß
- Schreibfolie, gold
- Embossing-Schablone „Champagnerparty“

Material für Silberhochzeitskerze:

- Kerze, weiß, 6 cm Ø, 18 cm hoch
- Wachsschrift „Zur silbernen Hochzeit“
- Wachsornament mit Jubiläumszahl „25“
- Verzierwachsplatte, silber-glänzend
- Schreibfolie, silber
- Glimmerpaste, silber

Material für Goldhochzeitskerze:

- Kerze, weiß, 6 cm Ø, 13 cm hoch
- Wachsschrift „Zur goldenen Hochzeit“
- Wachsperlstreifen, gold
- Wachsornament mit Jubiläumszahl „50“

Hochzeitskerze

Das Fenster nach der Vorlage aus der gold irisierenden Wachsplatte ausschneiden und auf die Kerze legen, den Rand mit goldenen Wachsstreifen umlegen. Darauf plazieren Sie die Champagnergläser, die mit Hilfe der Embossing-Schablone aus weißem Wachs geschnitten wurden. Oberhalb des Fensters mit Hilfe der Schreibfolie ein paar Sektperlen aufmalen und den Schriftzug halbrund anbringen. Die Ringe werden aus zwei Stücken goldener Wachsstreifen gelegt. Die Nahtstellen der Ringe werden durch die Blätter verdeckt. Die persönlichen Namen im unteren Bereich anbringen.

Silberhochzeitskerze

Das Jubiläumsornament fest andrücken. Oberhalb in halbrunder Form den Schriftzug plazieren. Die Namen bringen Sie mittels silberner Schreibfolie auf. Den unteren Rand ziert ein zusammengeknautschter, etwa 2 cm breiter, silberner Wachsstreifen. Zum Schluß die Kerze mit silberner Metallicpaste und Glimmer betupfen.

Goldhochzeitskerze

Das Ornament mittig anbringen und oberhalb einen Teil der Wachschrift halbrund befestigen. Den zweiten Teil („Hochzeit“) plazieren Sie gerade und unterhalb. Hier dient als unterer Kerzenrand ein goldener Wachsstreifen.

Zur goldenen
50
Hochzeit
Zur silbernen Hochzeit
25
Erika + Peter
Zur Hochzeit
Beate + Marc

Blaue Kerzen „Meeresgrund“

Material:
- Kerze, blau, 6 cm Ø, 18 cm hoch
- Kerze, blau, 6 cm Ø, 13 cm hoch
- Verzierwachsplatten, blaue Blütenmotive, mint, weiß
- Stone-Art-Farbe, smaragd
- Verzierwachsborte, gold

Aus der gemusterten Verzierwachsplatte die Meeresgrundflora schneiden.

Fische, Muscheln und Seesterne anordnen. Die Fischschuppen und die Muster auf den Muscheln werden mit einer spitzen Nadel eingeritzt.

Für die Augen kleine Kügelchen formen, aufsetzen und mit einer stumpfen Nadel kleine Löcher einstechen.

Als Ankerkette dient ein Stück Wachskugelborte.

Die größere Kerze wird noch mit etwas smaragdfarbener oder grüner Stone-Art-Farbe bemalt.

Blaue Kerzen mit Seepferdchen

Material:
- 2 Kerzen, blau, 4 cm Ø, 12 cm hoch
- Verzierwachsplatten, mint, weiß
- etwas feiner Sand
- Naturbast

Seepferdchen, Muscheln und Seesterne ausschneiden und auf der Kerze anordnen.

Kleine mintfarbene Dreiecke zieren die Seesterne. Luftblasen und Augen formen Sie aus kleinen Kügelchen und stechen kleine Löcher mittels stumpfer Nadel ein.

Weitere Verzierungen werden ebenfalls mit einer spitzen Nadel eingeritzt.

Die Kerzen an einigen Stellen vorsichtig mit einem Feuerzeug anwärmen und etwas Sand andrücken. Naturbast um den unteren Rand binden.

Vorsicht!
Beim Abbrennen der Kerze den Naturbast frühzeitig entfernen.

Herbstkerzen

Material für Sonnenblumenkerze:

- Kerze, grün, 6 cm Ø, 13 cm hoch
- Verzierwachsplatten, braun gemustert, gelb, grün
- Naturbast

Material für Vogelscheuchenkerze:

- Kerze, grün, 6 cm Ø, 18 cm hoch
- Verzierwachsplatten, braun gemustert, beige gemustert, grün, gelb, orange, haut, dunkelgrün, oliv
- Naturbast

Sonnenblumenkerze

Zunächst den Stiel samt Blättern plazieren; die Blattadern leicht mit einer spitzen Nadel einritzen.

Die einzelnen Blütenblätter werden in zwei Schichten angeordnet, zum Schluß wird das Blütenzentrum aus dem braun gemusterten Verzierwachs aufgesetzt.
Auch hier die Blütenblattstruktur einritzen.

Vogelscheuchenkerze

Die einzelnen Teile vom Vorlagenbogen auf die entsprechenden farbigen Wachsplatten übertragen, ausschneiden und übereinander plazieren.

An Kürbissen und Besen werden noch Verzierungen eingeritzt.

Um die beiden Kerzen können Sie Bastschleifen binden, die allerdings vor dem Abbrennen der Kerze entfernt werden müssen.

Goldene Kerzen mit Blütenmotiv

Material:
- 2 Kerzen, gold, 4,5 cm Ø, 15 cm hoch
- Verzierwachsplatte mit Blütenmotiv
- Wachsstreifen, gold, 4 mm breit

An beiden Kerzen je einen Streifen aus Verzierwachs in Längsrichtung andrücken.

Die Ränder werden mit entsprechend langen, goldenen Wachsstreifen gesäumt.

Fertig sind zwei elegante Kerzen fürs ganze Jahr!

Bordeauxfarbene Kugelkerzen

Material:
- Kugelkerze, bordeaux, 9 cm Ø
- Kugelkerze, bordeaux, 7 cm Ø
- Verzierwachsplatte, bunt irisierend
- Wachsstreifen, gold, 4 mm breit

Die irisierenden Wachsdreiecke mit der Spitze am Docht beginnend auflegen und gut andrücken.

Passen Sie auf, daß die schöne, glänzende Oberfläche nicht durch Ringe oder Fingernägel beschädigt wird!

Jeweils an den Schenkellängen der Dreiecke werden die goldenen Wachsstreifen als Abschluß angebracht.

Goldene Kerzen

Material:

- 2 Kerzen, gold, 5 cm Ø, 15 cm hoch
- Kugelkerze, gold, 7 cm Ø
- Verzierwachsplatte, schwarz
- Metallicpaste, gold
- Glimmerpaste, gold
- Glimmerplättchen, gold

Die schwarzen Wachstreifen (siehe Vorlage) gut in der Hand erwärmen und in Falten legen. Nun auf der Kerze drapieren und die Seiten fest andrücken.

Die Metallicpaste geben Sie sparsam auf ein Schwämmchen und betupfen damit die drapierten Wachsplatten.

An einigen Stellen goldene Glimmerpaste auftragen und zusätzlich einige goldene Glimmerplättchen daraufstreuen.

Die Paste trocknet transparent auf, so daß nur noch Glimmer und Plättchen zu sehen sind.

Grüne Kerzen

Material:

- 2 Kerzen, grün-metallic, 4,5cm Ø, 10 cm hoch
- Verzierwachsplatten, grün irisierend, silber-glänzend
- Metallicpaste, silber

Aus der grün irisierenden Wachsplatte laut Vorlage zwei Dreiecke ausschneiden.

Legen Sie diese in der warmen Hand in Falten, und drapieren Sie sie auf der Kerze.

Drei Quadrate (10 mm x 10 mm) aus silberner und eines aus grün irisierender Wachsplatte schneiden und nahe der gefalteten Wachsplatte zu einem diagonalen Quadrat mit kleinen Zwischenräumen zusammensetzen.

An der gegenüberliegenden Seite der Wachsplatte wird ein 5 mm breiter Streifen aus silbernem Wachs angebracht.

Zum Schluß die emporragenden drapierten Falten mit silberner Metallicpaste betupfen.

Menü
Karte

Weihnachtskerzen mit Sternen

Material:
- 2 Kugelkerzen, bordeaux, 7 cm Ø
- 2 Stabkerzen, dunkelrot, 14 cm hoch
- Verzierwachsplatte, gold-glänzend
- vorgestanzte Wachssterne und -monde, gold
- Metallicpaste, gold
- Backförmchen (Ausstecher) „Sterne“ in zwei Größen

Die Stabkerzen sind sehr schnell und einfach gestaltet. Die Sterne und Monde sind bereits fertig vorgestanzt und müssen nur noch auf den Kerzen angeordnet werden.

Für die beiden Kugelkerzen habe ich kleine Backförmchen in zwei Größen gewählt. Zuerst das größere Sternförmchen (Stern 1) in die goldene Wachsplatte drücken. Anschließend setzen Sie das etwas kleinere in die größere Form hinein. So entstehen die äußeren Sterne ohne Innenteil.
Das verbleibende Sterninnenteil für einen etwas kleineren Stern nutzen (Stern 2). Hierfür die Zacken parallel zu den Außenkanten mit etwa 3 mm Abstand ausschneiden.

Das kleinere Sternteil (Innenteil) wird dann als voller Stern verwendet (Stern 3) und im größeren Rahmen angeordnet. Sofern Sie keine Backförmchen zur Hand haben, können Sie die Vorlagen als Alternative nutzen. Zum Schluß die Kugelkerzen mit Metallicpaste betupfen.

Tip:
Diese Vorgehensweise ermöglicht ein schnelles Erstellen von Sternkerzen in großer Menge.

Weihnachtskerze „Lebkuchen“

Material:

- Kerze, bordeaux, 6 cm Ø, 18 cm hoch
- Wachsschrift „Frohe Weihnachten“
- Verzierwachsplatten, braun gemustert, beige gemustert, mattgold, ocker
- Metallicpaste, gold

Plazieren Sie die Wachsschrift diagonal ungefähr in der Kerzenmitte. Drumherum ordnen Sie Lebkuchenmännlein, Lebkuchen und Sterne an.

Die Mandeln sind aus ockerfarbenem Verzierwachs geschnitten. Goldene Metallicpaste wird sparsam in die Zwischenräume getupft.

Diese fröhliche Weihnachtskerze ist sicher ein Blickfang Ihrer Weihnachtsdekoration.

Frohe Weihnachten

Rote Weihnachtskerzen

Material für Kerze mit Sternen:

- Kerze, rot, 5,5 cm Ø, 13 cm hoch
- Verzierwachsplatte, antikgold
- Glimmerplättchen, gold
- Glimmerpaste, gold
- Metallicpaste, gold

Material für Kerze mit Weihnachtsdorf:

- Kerze, rot, 5,5 cm Ø, 15 cm hoch
- Schreibfolie, gold
- Glimmerpaste, gold
- Embossing-Schablone „Winterdorf"
- Prägestift

Kerze mit Sternen

Zunächst die kleinen Sterne aus der antikgoldenen Wachsplatte ausschneiden und so auf der Kerze verteilen, daß noch ausreichend Zwischenraum für die großen Sterne bleibt. Die größeren Sterne schneiden Sie aus festem Papier aus und befestigen sie mit kleinen Klebefilmröllchen auf der Rückseite an der Kerze. Nun etwas Metallicpaste auf ein Schwämmchen geben und die Kerze um die Papiersterne herum betupfen. Nach dem Trocknen werden die Papiersterne entfernt. In der Mitte der schablonierten Sterne Glimmerpaste auftragen und zusätzlich goldene Glimmerplättchen einstreuen.

Kerze mit Weihnachtsdorf

Die goldene Schreibfolie wird mit der matten Seite um die Kerze gelegt und mit etwas Klebefilm fixiert. Die Embossing-Schablone auflegen und die Konturen mit dem Prägestift umfahren. Anschließend entfernen Sie die Schreibfolie. Die Konturen sind nun in Gold in die Kerze geprägt. Mit der goldenen Glimmerpaste füllen Sie die Dächer aus, malen ein paar Linien als Schnee auf und tragen mit dem Finger etwas Paste als Himmel auf.

Bärenkerzen

Material:

- 4 Kerzen, dunkelrot, 5 cm Ø, 11 cm hoch
- Verzierwachsplatten, dunkelgrün, braun, gold-glänzend
- Glimmerpaste, gold
- wasserfester, schwarzer Filzstift
- Embossing-Schablone „3 Teddys“

Die Bären werden mit Hilfe der Embossing-Schablone und einer spitzen Nadel ausgeschnitten.

Die Scheifchen, Sterne und Tannenzweige von der Vorlage übertragen und ausschneiden. Die Gesichter malen Sie mit einem wasserfesten, schwarzen Filzstift auf.

Mit Hilfe einer spitzen Nadel werden die Zweigstiele eingeritzt. Mit etwas Glimmerpaste können Sie den Boden unter den Teddys andeuten.

Tip:
Warum nicht auch die Kerzen für den Adventskranz mit Motiven gestalten?
In diesem Falle schlingen Sie noch eine Schnur mit Bärchen und ein Geschenkband um den Kranz, und fertig ist ein bäriger Adventsschmuck!

Weihnachtskerzen in Bordeaux

Material:
- Kerze, bordeaux, 5,5cm Ø, 15 cm hoch
- Kerze, dunkelrot, 6 cm Ø, 13 cm hoch
- Verzierwachsplatte, antikgold
- Wachsstreifen, gold, 2 mm breit
- Schreibfolie, gold
- Glimmerpaste, gold, rot
- Prägestift

Kerze mit Streifen

Für die bordeauxfarbene Kerze nach Vorlage einen Streifen aus der antikgoldenen Wachsplatte schneiden und längs an der Kerze anbringen.

Parallel daneben bringen Sie einen goldenen Wachsstreifen mit etwa 5 mm Abstand an. Den antikgoldenen Streifen mit goldener und roter Glimmerpaste betupfen.

Der Stern wird gearbeitet wie auf Seite 28 (Stern 2) beschrieben. Er wird über dem Streifen fixiert.

Rote Kerze mit Winterdorf

Die rote Kerze mit dem Winterdorf ist schnell gestaltet. Hierfür benötigen Sie nur goldene Schreibfolie.

Diese wird um die Kerze gelegt und mit Klebefilm fixiert. Legen Sie die abgepauste Vorlage auf, und zeichnen Sie mit der dünnen Spitze des Prägestiftes die Konturen nach.

Vorlage und Schreibfolie entfernen; das Motiv erscheint nun auf der Kerze.

Rote Weihnachtskerze mit Engel

Material:

- Kerze, rot, 5,5 cm Ø, 13 cm hoch
- Verzierwachsplatten, gold irisierend, weiß, grün irisierend, haut, rot, dunkelbraun
- Wachsschrift „Frohe Weihnachten“
- Wachsstreifen, gold, 2 und 4 mm breit
- Metallicpaste, gold

Alle Teile laut Vorlage zusammensetzen und den Engel hinter der Wolke positionieren. Stirnband, Kragen und Gürtel sind aus goldenen Wachsstreifen geschnitten.

Für die Pupillen werden kleine Kügelchen geformt. Die kleinen Händchen stützen sich auf der mit Metallicpaste betupften Wolke ab.

Im oberen Teil der Kerze wird diagonal der Schriftzug „Frohe Weihnachten“ plaziert, einige Sterne verteilen Sie noch um die Kerze.

Frohe
Weihnachten

Grüne Weihnachtskerze mit Nikolaus

Material:
- Kerze, grün, 5,5 cm Ø, 13 cm hoch
- Verzierwachsplatten, antikgold, ocker, rot, haut, dunkelbraun, weiß, gold irisierend
- Wachsstreifen, gold, 4 mm breit

Zunächst die Türe aus der antikgoldenen Wachsplatte schneiden.

Um die Ränder legen Sie goldene Wachsstreifen.

Der Nikolaus wird vor dem Auflegen auf die Kerze komplett zusammengesetzt.

Mit einer spitzen Nadel die Nähte um den Flicken und ein Gewebemuster in den Sack ritzen.

Schneiden Sie noch ein paar Sterne aus der gold irisierenden Wachsplatte aus, und verteilen Sie sie auf der Kerze.

Blaue Kerze mit Winterdorf

Material:

- Kerze, blau, 5,5 cm Ø, 18 cm hoch
- Embossing-Schablone „Winterdorf"
- Schreibfolie, silber
- Glimmerpaste, silber
- Prägestift

Wie schon bei der roten Kerze (Seite 32) diente auch hier die Embossing-Schablone „Winterdorf" als Vorlage.

Silberne Schreibfolie und Schablone auflegen und mit dem Prägestift die Konturen nachzeichnen.

Zusätzlich malen Sie noch Bodenlinien und ein paar Sterne dazu. Hierzu einfach zwei kleine Kreuze versetzt übereinandermalen.

Mit dem Finger wird etwas Glimmerpaste über die Kerze verteilt, und fertig ist eine festliche Kerze, die auch zu Ihrer Tischdekoration mit passenden Embossing-Tischkarten passen würde!

Blaue Sternkerzen

Material:
- 2 Kerzen, blau, 4 cm Ø, 12 cm hoch
- Verzierwachsplatte, silber-glänzend
- Glimmerpaste, silber
- Metallicpaste, silber

Diese blauen Weihnachtskerzen entstehen in der Schabloniertechnik (vgl. auch Seite 32).

Zuerst werden die kleinen Sterne aus der silbernen Wachsplatte ausgeschnitten und auf der Kerze verteilt.

Dann die größeren Sterne aus Papier ausschneiden und mittels Klebefilmröllchen auf der Kerze fixieren.

Die Ränder werden mit Glimmerpaste betupft, anschließend entfernen Sie die Vorlagen wieder.

Kerzen in Blau-Silber

Material:

- 2 Kerzen, petrol, 5,5 cm Ø, 12 cm hoch
- Verzierwachsplatten, blau-schwarz gemustert, silber-glänzend
- Glimmerpaste, silber

Aus der blau-schwarzen Verzierwachsplatte zwei Teile laut Vorlage ausschneiden. Die Streifen diagonal über die Kerze legen, beginnend am oberen Kerzenrand, und dann andrücken.

Jeweils rechts und links werden 5 mm breite Streifen aus der silber-glänzenden Platte angebracht. Die Sterne sollten Sie in einem möglichst dunklen Bereich plazieren, damit sie besonders zur Geltung kommen.

Schließlich werden die freibleibenden Wachsstellen mit Glimmerpaste bestrichen.

Kerzen in Blau-Silber

Material:

- 2 Kerzen, petrol, 5,5 cm Ø, 12 cm hoch
- Verzierwachsplatten, blau-schwarz gemustert, silber-glänzend
- Glimmerpaste, silber

Aus der blau-schwarzen Verzierwachsplatte zwei Teile laut Vorlage ausschneiden. Die Streifen diagonal über die Kerze legen, beginnend am oberen Kerzenrand, und dann andrücken.

Jeweils rechts und links werden 5 mm breite Streifen aus der silber-glänzenden Platte angebracht. Die Sterne sollten Sie in einem möglichst dunklen Bereich plazieren, damit sie besonders zur Geltung kommen.

Schließlich werden die freibleibenden Wachsstellen mit Glimmerpaste bestrichen.

Silvesterkerze

Material:
- Kerze, altrosa, 6 cm Ø, 18 cm hoch
- Verzierwachsplatten, gold-glänzend, rosa, schwarz
- Glimmerpaste, gold

Die Schweinchen aus der rosa Wachsplatte, Schleifchen und Glücksklee aus der gold-glänzenden schneiden. Für die Augen formen Sie etwas schwarzes Wachs zu Kügelchen. Glücksschweine und Klee auf der Kerze plazieren und mit einer spitzen Nadel die Blattadern einritzen. Für die Nasenlöcher wird eine stumpfe Nadel verwendet.

Den Schriftzug „Prosit Neujahr“ und ein paar Zierlinien mit goldener Glimmerpaste aus der Tube auftragen.